알고 보면 더 잘 보이는
안전기호

초판 1쇄 발행 2024년 2월 22일

지은이 나인완

펴낸이 홍성우 | 책임 편집 정다운 편집실 | 디자인 팥팥 | 관리 김정선, 원주연

펴낸곳 (주)기린미디어출판 | 등록 2016년 4월 26일 제2023-000061호

제조국 대한민국 | 주소 서울특별시 강서구 양천로 583 우림블루나인 A동 21층 2110호 | 사용연령 6세 이상

전화 0505-303-2381 | 팩스 0505-300-2381 | 전자우편 girinmedia@daum.net

ISBN 979-11-92340-41-8 74300

· 책값은 뒤표지에 표시되어 있습니다.
· 파본이나 잘못된 책은 구입하신 곳에서 바꿔드립니다.
· 종이에 베이거나 긁히지 않도록 조심하세요. 책 모서리가 날카로우니 던지거나 떨어뜨리지 마세요.

알고 보면 더 잘 보이는

안전기호

지은이 • 나인완

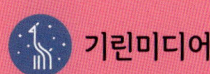
기린미디어

차례

학교 가는 길
8

학교 안
12

학교 운동장
16

대형 쇼핑몰
20

공항
24

종합운동장
28

놀이동산
* 32 *

한강 공원
* 36 *

미술관
* 40 *

바닷가
* 44 *

서울역
* 48 *

우리집
* 52 *

더 살펴보는 안전 기호
* 56 *

1 학교 가는 길

학교 가는 길은 복작복작 와글와글 사람도 자동차도 많아요.
복잡하고 위험하지만 정해진 안전 규칙과 질서를 잘 따르면 어려울 게 없어요.
학교 가는 길에 자주 보이는 우리 주변의 기호들을 찾아볼까요?

버스 정류장　어린이보호구역　우체국　지하철역　일단 멈춤
킥보드 금지　주차 금지　횡단보도　공사 중　경찰　견인 지역

표지판 자세히 알아보기

횡단보도 사람들이 도로를 가로질러 건널 수 있도록 차도 위에 마련한 길이에요. 신호등이 초록불로 바뀌면 주변을 잘 살피고 건너요.

어린이보호구역 유치원이나 초등학교 주변 도로에 어린이를 안전하게 보호하기 위해 정한 구역이에요. '스쿨존'이라고도 해요. 이곳에서는 자동차가 천천히 지나가야 해요.

최고 속도 제한 자동차 속도가 시속 30km를 넘으면 안 된다는 표시예요. 대부분의 어린이보호구역은 시속 30km를 넘지 못해요. 이 속도를 넘으면 벌금을 내요.

주차 금지 자동차를 세울 수 없는 곳을 알리는 기호예요. 어린이가 많이 오가는 학교 앞에 자동차를 세우면 불편하고 위험하기 때문에 주차 금지인 곳이 많아요.

견인 지역 주차 금지 장소에 차를 세우면 견인한다는 걸 알리는 기호예요. '견인'은 차를 옮긴다는 뜻인데, 주차한 차를 끌어내 한곳에 모아 두지요.

CCTV 촬영중 우리의 안전을 살피기 위해 카메라로 촬영하고 있다는 걸 알리는 기호예요. 촬영된 영상은 교통사고나 범죄가 일어났을 때 증거로 사용할 수 있어요.

킥보드 금지 킥보드를 타고 다닐 수 없는 길이라는 표시예요. 특히 요즘 많이 보이는 전동 킥보드는 '자전거 전용 도로'를 이용해야 해요.

우체국 제비 모양을 본떠 만든 우체국 표시예요. 제비가 재빠르고 좋은 소식을 전한다는 믿음을 가지고 있어서 우체국의 상징으로 사용해요.

경찰서 강하고 용맹한 참수리의 모습과 우리나라의 꽃인 무궁화를 합쳐 만든 경찰 표시예요. 국가와 국민을 지켜 준다는 의미를 담았어요.

 `지하철역` 지하철역을 나타내는 그림이에요. 이 표시를 따라가면 지하철역을 만날 수 있어요.

 `버스 정류장` 버스 정류장이나 버스 터미널을 나타내는 그림이에요. 이 그림이 있는 곳에서 기다리면 버스를 탈수 있어요.

 `공사 중` 가까운 곳에서 공사를 하고 있으니 조심하라는 표시예요. 삽을 든 사람이 땅을 파고 있는 모습이에요.

 `일단 멈춤` 횡단보도를 건너는 사람을 위해 잠시 멈추라는 그림이에요. 등하굣길에서 이 그림이 담긴 깃발을 들고 안내하는 사람도 있어요.

➕ 내용 더하기

학교 앞은 왜 천천히 가야 할까요?

학교 앞은 '어린이보호구역'으로 정해서 자동차가 빨리 달리지 않도록 하고 있어요. 갑자기 나타나는 자동차로부터 어린이를 안전하게 보호하기 위해 만든 약속이에요. 이를 지키지 않으면 운전자는 벌금을 내야 하지요. '어린이보호구역'과 비슷한 다른 보호 구역을 알아보아요.

 `노인보호구역` 천천히 다니는 할아버지와 할머니를 보호하는 구역이에요. '실버존'이라고도 불러요. 이곳을 운전할 때는 주변을 살피며 천천히 운전해야 해요.

 `장애인보호구역` 장애인을 보호하기 위해 장애인들이 생활하는 곳 주변에 설치해요. 휠체어를 타거나 움직이기 불편한 분들이 가까이 있는지 주의를 살펴야 해요.

 `야생동물보호구역` 야생동물이 자주 다니는 지역이니 갑자기 나타나는 동물을 조심하라는 의미예요. 자동차 속도를 낮추고 운전해야 해요.

2 학교 안

학교는 친구들과 어울려 생활하는 곳이에요.
모두가 안전하고 즐거운 학교생활을 하려면 정해진 규칙을 잘 지켜야 하지요.
학교에서 볼 수 있는 다양한 기호들을 찾아보세요.

계단　계단 조심　비상구　소화전　소화기　노크
화장실　금연 구역　장애인 이용　미끄럼 주의　사용 금지

표지판 자세히 알아보기

계단 학생들이 오르내리는 계단 그림이에요. 모두가 오른쪽으로 다니면 부딪치지 않게 다닐 수 있어요.

계단 조심 계단은 사고가 많이 일어나는 곳이어서 주의가 필요해요. 서두르지 말고 한 칸씩 오르내려요.

비상구 화재나 지진과 같은 비상 상황에 밖으로 나갈 수 있는 통로를 알려 주어요. 사람이 달려가는 방향에 나가는 문이 있어요. 비상구의 위치를 잘 알아 두세요.

소화기 학교에 불이 나면 소화기로 재빨리 불을 꺼야 해요. 소화기 위치를 알아 두고 사용 방법을 배워 두세요.

소화전 소화전의 위치를 알려 주는 그림이에요. 소화전에는 사람들에게 화재를 알려 주는 경보기가 있고, 소방 호스가 있어 바로 불을 끌 수 있어요.

노크 선생님이 계신 교실이나 수업 중인 교실을 들어갈 때는 노크를 하고 들어가요.

화장실 화장실 그림이에요. 치마를 입은 그림은 여자 화장실, 바지를 입은 그림은 남자 화장실을 나타내요.

금연 구역 학교 건물에서는 담배를 피울 수 없어요. 학생들의 건강을 지키기 위해서지요.

장애인 이용 학교에는 장애인이 생활할 수 있는 시설이 필요해요. 휠체어 경사로나 장애인용 엘리베이터, 장애인용 화장실이 있어요.

 `미끄럼 주의` 청소 중이거나 바닥이 미끄러울 때 사용하는 그림이에요. 바닥을 살피며 조심히 걸어야 해요.

 `사용 금지` 시설물이 고장이 나서 수리 중이거나 안전하지 못할 때 사용하는 표시예요.

➕ 내용 더하기

안전 표지판을 더 알아볼까요?

학교는 여러 사람이 함께 생활하는 곳이기 때문에 무엇보다 안전이 가장 중요해요. 가벼운 장난이 큰 사고로 이어지기도 하거든요. 생활 속에서부터 안전을 지키는 연습이 필요해요. 다양한 곳에서 만날 수 있는 안전 관련 표시들을 더 알아볼까요?

 `화기엄금` 불이 붙을 수 있는 물질이 주변에 있으니 불 사용을 절대 하지 말라는 그림이에요.

 `손끼임 주의` 문틈에 손이 끼이지 않도록 조심하라는 그림이에요. 특히 어린이의 손은 작아서 끼이기 쉬우니 더욱 조심해야 해요.

 `독극물 경고` 매우 위험한 것이 있으니 조심하라는 그림이에요. 무시무시한 해골 그림으로 강하게 표현하고 있어요.

 `낙석 주의` '낙석'은 돌이 떨어진다는 뜻이에요. 도로에 돌이 떨어질 위험이 있는 곳이라는 것을 알려 주는 그림이에요.

지진 옥외 대피소 · 장애인 경사로 · 장애인 전용 주차구역 · 놀이터
물 마시는 곳 · 전기차 충전구역 · 차량진입금지 · 머리 조심 · 민방위 대피소

표지판 자세히 알아보기

지진 옥외 대피소 학교와 공원은 지진이 났을 때 나라에서 정해 놓은 대피 장소예요. 지진으로 무너질 수 있는 높은 건물이 적고 많은 사람들이 모일 수 있기 때문이에요.

장애인 경사로 계단을 오르내리기 어려운 장애인을 위해 경사로를 만들었어요. 어린이나 어르신도 이곳을 이용해요.

장애인 전용 주차구역 주차장에는 장애인 전용 주차구역이 따로 있어요. 장애인들이 편하게 이용하도록 다른 주차 구역보다 넓고 건물 입구와 가까운 곳에 있어요.

놀이터 어린이를 위한 놀이터를 나타내는 그림이에요. 놀이터에서 쉽게 볼 수 있는 시소를 그렸어요.

물 마시는 곳 마실 수 있는 물이 나오는 곳이에요. '음수대'라고 쓰여 있기도 해요.

전기차 충전구역 전기차는 배기가스가 나오지 않아 환경보호에 도움이 되는 자동차예요. 전기 코드를 꽂아 충전할 수 있도록 주차장 한편에 충전구역이 있어요.

차량진입금지 학교는 학생들이 안전하고 자유롭게 활동하기 위해 자동차가 쉽게 들어오지 못해요. 미리 허락받은 자동차만 들어갈 수 있어요.

머리 조심 머리를 부딪치는 사고를 막기 위한 그림이에요. 놀이터나 체육 시설을 이용할 때는 늘 안전에 유의하세요.

민방위 대피소 전쟁이 일어났을 때 적의 공격을 피하기 위한 대피소로 학교 안에 있기도 해요.

 **교육환경 보호구역** 어린이에게 위험한 일이 일어나지 못하도록 보호구역을 정했어요. 학교 주변에는 학생에게 해로운 시설을 만들 수 없어요.

➕ 내용 더하기

대피소를 알아볼까요?

대피소는 위험으로부터 몸을 피할 수 있는 곳이에요. 대피소는 학교 밖에서도 볼 수 있어요. 다양한 대피소 표시와 의미를 기억해 두면 위험할 때 재빨리 몸을 피해 생명을 지킬 수 있어요.

 **옥외 지진 대피소** 지진이나 산사태가 일어났을 때 이용하는 대피소예요. 높은 건물이 무너지는 위험을 피하기 위해 학교 운동장이나 공원을 대피소로 정해 두어요.

 **임시 주거 시설** 지진이나 홍수로 집이 망가진 사람들을 위해 마련한 시설이에요. 학교 강당이나 실내 체육관에서 지낼 수 있도록 도와줘요.

 **화학사고 대피 장소** 사람에게 위험한 가스가 폭발했을 때 안전하고 빠르게 이곳으로 이동해요. 우리 집과 가까운 대피 장소를 미리 알아 두세요.

 **민방위 대피소** 전쟁이 났을 때를 대비한 대피소예요. 적의 공격을 피할 수 있는 지하 주차장이나 지하철역이 민방위 대피소로 정해져 있어요.

 **물건 적치 금지** 위급 상황에 대피할 때는 계단을 이용해 빠르게 건물 밖으로 나와야 해요. 복도에 물건이 있으면 대피가 어려우니 물건을 쌓아 두지 않아요.

4 대형 쇼핑몰

쇼핑몰에는 두 눈이 휘둥그레질 만큼 이것저것 볼거리가 많아 길을 잃기 쉬워요.
사람들이 북적이는 곳일수록 구석구석 잘 살피면서 질서를 잘 지켜야 하지요.
대형 쇼핑몰에는 어떤 기호들이 있는지 찾아볼까요?

영화관　　기저귀 교환대　　기대지 마시오　　뛰지 마시오　　에스컬레이터

엘리베이터　　사진 촬영 금지　　지하철 타는 곳　　쇼핑 카트 금지

표지판 자세히 알아보기

영화관 영사기 모양을 본 떠 만든 영화관 그림이에요. 영사기에 필름을 넣고 먼 곳의 스크린을 향해 빛을 쏘면 영화를 볼 수 있어요.

기저귀 교환대 아기 기저귀를 갈 수 있는 장소를 가리켜요. 화장실 안에 있거나 수유실 한쪽에 있기도 해요.

수유실 아기에게 젖을 먹일 수 있는 장소를 의미하는 그림이에요. 부모님 품에 안긴 아기의 모습을 표현했어요.

가족 화장실 가족이 함께 사용할 수 있는 화장실이에요. 이곳에서는 엄마 아빠 누구라도 아기 기저귀를 갈아 줄 수 있고 어린이의 화장실 뒤처리를 도와줄 수 있어요.

기대지 마시오 엘리베이터 문에 기대면 매우 위험해요. 문이 열려서 넘어질 수도 있고 추락할 위험도 있으니 절대로 기대지 마세요.

뛰지 마시오 많은 사람이 이용하는 쇼핑몰에서 뛰거나 장난치는 행동은 위험해요. 서둘지 말고 주변을 잘 살피며 다녀요.

에스컬레이터 움직이는 계단인 에스컬레이터를 가리키는 그림이에요. 에스컬레이터에서는 걷거나 뛰지 않고 손잡이를 꼭 잡고 가요.

어린이 손을 잡으시오 어린이가 에스컬레이터를 탈 때는 반드시 어른 손을 잡아요. 에스컬레이터가 갑자기 멈추거나 반대 방향으로 움직이는 사고가 날 수 있어요.

엘리베이터 계단을 이용하지 않고 편히 오르내릴 수 있는 엘리베이터를 가리키는 기호예요. 엘리베이터는 탈 수 있는 인원이 정해져 있으니 사람이 너무 많으면 다음 차례에 이용해요.

`사진 촬영 금지` 허락받지 않고 쇼핑몰 물건을 함부로 촬영하는 것은 올바르지 않아요. 다른 쇼핑객들에게 방해가 될 수 있어요.

`지하철 타는 곳` 대형 쇼핑몰은 지하철역에 바로 연결돼 있기도 해요. 지하철을 타면 복잡한 도로를 피해 시간도 절약되고 편리해요.

`쇼핑 카트 금지` 쇼핑 카트를 다른 곳으로 가져가면 안 돼요. 쇼핑 카트는 쇼핑몰의 물건이기도 하지만 커다란 쇼핑 카트가 다른 사람들에게 방해될 수 있어요.

➕ 내용 더하기

대형 쇼핑몰에서 지켜야 할 에티켓을 더 알아볼까요?

사람들이 서로 불편하지 않게 조심하는 말과 행동을 에티켓이라고 해요. 대형 쇼핑몰은 여러 사람이 함께 이용하는 곳이에요. 모두를 위한 에티켓을 꼭 기억해 주세요!

`반려견 출입금지` 쇼핑몰은 이용객들의 안전과 깨끗한 환경을 위해 반려견이 들어갈 수 없어요. 반려견은 정해진 장소에 맡겨 두고 가는 것이 좋아요.

`외부음식 반입금지` 쇼핑몰은 새 물건이 많아요. 음식을 먹다가 흘리면 곤란해요. 들고 다니면서 먹던 음식은 쇼핑몰에 들어가기 전 다 먹거나 두고 가세요.

`어린이 금지` 어린이에게 해롭거나 안전하지 못한 장소는 어린이의 출입을 막기도 해요. 엄마 아빠 없이 금지된 공간에 함부로 들어가면 안 돼요.

5 공항

비행기를 타고 가족 여행을 떠난대요.
공항은 넓고 복잡해서 주변을 잘 살피지 않으면 비행기 타는 곳을 찾기 어려워요.
공항에는 어떤 기호들이 있는지 미리 찾아보세요.

출발　안내소　쓰레기통　도착　짐 찾는 곳
무게 재는 곳　환전　환승 센터　무선 인터넷　보조견

표지판 자세히 알아보기

출발 비행기가 하늘을 향해 떠오르는 그림으로 출발하는 곳을 의미해요.

안내소 정보를 뜻하는 'information'의 첫 글자인 'i'로 만든 기호예요. 외국인 여행객은 물론 누구나 이용할 수 있어요. 공항 이용 방법이나 여행 정보를 안내해요.

쓰레기통 넓은 공항에서 이 그림을 보면 쓰레기통을 쉽게 찾을 수 있어요. 공항은 사람이 많은 곳이니 반드시 정해진 곳에 쓰레기를 버려요.

도착 비행기가 땅으로 내려오는 그림으로 도착하는 곳을 의미해요. 착륙할 때 필요한 비행기 바퀴를 그렸어요.

짐 찾는 곳 비행기 이용객은 큰 가방을 가지고 다니는 경우가 많아요. 큰 짐은 수화물 칸에 따로 실은 뒤 목적지에 도착하면 이 그림을 따라가 짐을 찾아요.

무게 재는 곳 비행기는 실을 수 있는 짐의 무게가 정해져 있어요. 짐을 싣기 전에 무게를 측정해요.

환전 다른 나라로 여행을 가기 전에 우리나라 돈을 그곳에서 사용하는 돈으로 바꿔야 해요. 공항 안에 있는 은행에서 바꿀 수 있어요.

환승 센터 비행기에서 내린 뒤 버스, 지하철, 택시를 탈 수 있는 곳을 안내하는 기호예요. 원하는 목적지까지 갈 수 있는 교통수단을 선택해 이용해요.

무선 인터넷 스마트폰이나 노트북에 연결할 수 있는 무선 인터넷을 안내하는 기호예요. 신호가 강할수록 인터넷을 더 빠르게 쓸 수 있어요.

 **보조견** 시각 장애인의 보조견을 허용한다는 그림이에요. 안내를 위한 보조견은 공항 이용과 비행기 탑승이 가능해요.

 **캡슐호텔** 캡슐처럼 작은 공간이에요. 공항을 이용하는 사람이 잠시 쉴 수 있도록 만들어 놓은 숙소예요.

 **기도실** 종교가 있는 사람들이 기도할 수 있도록 만든 공간이에요. 여행객과 공항에서 일하는 천주교, 기독교, 불교 신자 등을 위한 곳이기도 해요.

 내용 더하기

비행기 안에는 어떤 기호가 있을까요?

비행기 안에도 다양한 그림들이 있어요. 외국인 승무원과 말이 통하지 않아도 비행기 안의 간단한 그림으로 필요한 것을 해결할 수 있어요.

 **안전벨트** 비행기가 오르내릴 때와 거센 바람에 흔들릴 때 자리에 앉아 안전벨트를 매야 해요. 이 그림에 불이 들어오면 하던 일을 멈추고 앉아서 벨트를 매요.

 **승무원 호출** 마실 물이 필요하거나 불편한 것이 있을 땐 승무원 호출 그림을 눌러요. 승무원이 멀리 있어도 이 그림을 누르면 나에게 다가와 도움을 줘요.

 **독서등** 오랜 시간 비행기를 타면 승객들이 편안히 쉴 수 있도록 비행기의 전등을 모두 꺼요. 잠이 오지 않는다면 이 그림을 눌러 보세요. 내 자리를 환하게 비춰 주기 때문에 책을 읽을 수 있어요.

6 종합운동장

신나게 땀 흘리며 운동하면 몸도 튼튼, 마음도 튼튼!
종합운동장은 여러 운동 경기를 보고 즐길 수 있는 장소예요.
운동장을 구경하면서 다양한 운동 기호를 찾아볼까요?

실내 수영장 ・ 야구장 ・ 체조 경기장 ・ 축구 경기장 ・ 핸드볼 경기장 ・ 농구 경기장 ・ 오륜기 ・ 카페 ・ 반려동물을 매시오 ・ 출입 금지

표지판 자세히 알아보기

 **오륜기** 올림픽을 나타내는 기호예요. 다섯 가지 색깔은 올림픽에 참가하는 다섯 대륙을 의미해요.

 **카페** 찻잔을 그린 그림으로 차나 음료수를 마실 수 있는 카페 기호예요. 간단한 간식과 음료수를 마실 수 있어요.

 **안내소** 다양한 이용객이 있는 곳에서는 안내소를 쉽게 만날 수 있어요. 종합 운동장에 대해 자세히 알고 싶으면 안내소를 찾아보세요.

 **주차장** 다양한 시설을 편안하게 이용하기 위해 지정된 장소에 주차를 해요. 종합운동장은 매우 넓기 때문에 내가 가려는 곳과 가까운 주차장을 찾아보세요.

 **실내 수영장** 지붕이 있는 곳에서 수영을 하는 그림이에요. 수영을 배울 수 있고 자유롭게 운동할 수도 있어요.

 **야구장** 야구 방망이로 공을 치는 그림이에요. 야구장은 대부분 바깥에 있지만 지붕이 있는 돔구장도 있어요. 돔구장에서는 날씨와 상관없이 야구 경기를 즐겨요.

 **체조 경기장** 체조 종목 중 하나인 도마를 나타낸 그림이에요. 체조 경기장에서는 체조는 물론 탁구, 배드민턴 등의 실내 스포츠를 할 수도 있어요.

 **축구 경기장** 발로 공을 차는 축구하는 모습을 그렸어요. 축구는 열한 명이 뛰는 운동으로 축구장의 모양은 직사각형이고 크기가 정해져 있어요.

 **핸드볼 경기장** 작은 공을 손으로 잡아 골대에 던져 넣는 모습을 그렸어요. 축구장보다 작은 경기장에서 다섯 명의 선수가 빠른 속도로 경기를 해요.

 농구 경기장 그물로 된 바구니에 공을 던져 넣는 농구를 그렸어요. 선수들의 경기는 주로 실내에서 열리지만 길거리 농구장에서도 농구를 즐길 수 있어요.

 반려동물을 매시오 종합운동장에는 사람이 많아서 질서를 지키는 것이 중요해요. 다른사람을 위해서 반려동물은 반드시 목줄을 매고 다녀요.

 출입 금지 시설과 관련된 장소에는 아무나 함부로 들어갈 수 없어요. 중요한 경기가 있어서 선수를 보호해야 할 때는 다른 사람이 들어오는 걸 막기도 해요.

➕ 내용 더하기

다양한 운동 기호를 살펴볼까요?

전 세계인이 참여하는 올림픽은 다양한 종목의 운동 경기들이 있어요. 운동 기호에 그려진 그림을 보면서 어떤 종목인지 알아맞혀 보는 것도 재미있어요.

 태권도 우리나라를 대표하는 운동인 태권도 기호예요. 발차기 동작을 그렸어요.

 카약 빠르게 노를 저어 승부를 겨루는 운동인 카약을 그렸어요.

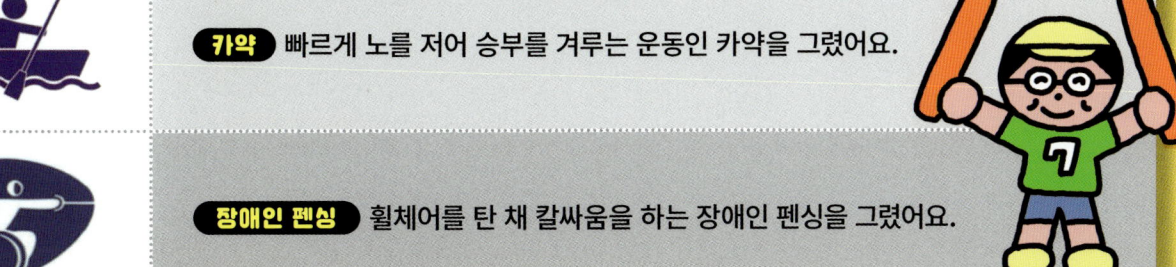 장애인 펜싱 휠체어를 탄 채 칼싸움을 하는 장애인 펜싱을 그렸어요.

7 놀이동산

놀이공원은 어린이를 위한 꿈과 환상의 장소이지요. 짜릿한 놀이기구를 타다 보면 하루가 순식간에 흘러요. 놀이공원에는 다양한 기호들이 숨어 있어요. 구석구석 숨겨진 기호들을 찾아보아요.

놀이공원　기념품 가게　스낵 코너　식당　쓰레기 금지
의무실　자동 심장 박동기　키 제한　미아 보호소　분실물 보관소

표지판 자세히 알아보기

 **놀이공원** 회전목마를 표현한 놀이공원 그림이에요. 이 표시를 따라가면 어린이들이 좋아하는 놀이기구가 가득해요.

 **기념품 가게** 리본으로 포장한 선물 그림은 기념품 가게를 나타내요. 캐릭터로 만든 여러 가지 기념품을 살 수 있어요.

 **스낵 코너** 간단한 간식을 파는 곳이에요. 신나게 놀다가 출출할 때 이곳을 찾아가면 맛있는 간식거리를 먹을 수 있어요.

 **식당** 음식을 먹을 수 있는 식당을 가리키는 그림이에요.

 **한식당** 한식을 먹을 수 있는 식당은 숟가락과 젓가락으로 표현했어요.

 **쓰레기 금지** 깨끗한 놀이공원을 위해 쓰레기는 반드시 쓰레기통에 버려요.

 **의무실** 신나게 놀다가 다치기도 해요. 그럴 땐 십자 모양 그림을 찾아가세요. 의무실에서 간단한 응급처치를 받을 수 있어요.

 **자동 심장 박동기** 응급환자를 위한 자동 심장 박동기의 위치를 알려 주는 그림이에요. 위급한 환자의 생명을 지킬 수 있어요.

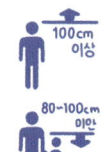 **키 제한** 놀이기구마다 탈 수 있는 사람의 키가 정해져 있어요. 키가 작아 안전장치가 맞지 않으면 놀이기구를 탔을 때 위험해요.

미아 보호소 놀이공원에서 가족을 잃어버리면 미아보호소 기호를 찾으세요. 부모님에게 전화를 걸어 주거나 방송을 통해 가족을 찾아 줘요.

분실물 보관소 가지고 다니던 물건을 두고 오거나 잃어버렸을 때는 분실물 보관소를 찾아가요.

➕ 내용 더하기

놀이공원에서 가족을 잃어버렸다면?

놀이공원은 매우 넓고 사람이 많아서 가족을 잃어버리기도 해요. 갑자기 가족이 보이지 않으면 당황스럽고 무섭겠지만 **세 가지만 기억하세요!** 금방 다시 가족을 만날 수 있어요.

1. 멈추고 생각하기
가족을 찾는다고 여기저기 다니면 서로 길이 엇갈려 찾기 어려울 수 있어요.
다른 곳에 가지 말고 한곳에 멈춰 주세요. 그리고 부모님의 이름과 전화번호를 외워 보세요.

2. 도움 요청하기
지나가는 어른에게 부탁하여 도움을 요청해 보세요. 부모님의 전화번호로 전화를 걸어 달라거나 안내소 위치를 알려 달라고 하세요.

3. 안내소나 미아 보호소 찾아가기
안내소나 미아보호소에 가서 가족을 잃어버렸다고 알리면 부모님에게 전화를 걸어 주거나 미아 방송을 통해 내가 이곳에 있다는 것을 알려 줘요.

국가하천 · 다리 · 음수대 · 공중전화 · 차량 진입 금지
애완동물 매시오 · 카페 · 화장실 · 자동 심장 박동기 · 전동킥보드 금지

표지판 자세히 알아보기

국가하천 나라에서 관리하는 큰 강을 의미해요. 서울을 동서로 가로질러 흐르는 한강이 대표적인 국가하천이에요.

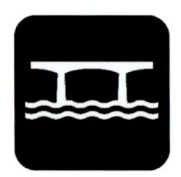
다리 한강에는 남쪽과 북쪽을 잇는 다리가 많아요. 한강 다리는 차들이 오가는 도로일뿐 아니라 한강을 구경하는 전망대나 시민들의 쉼터로 쓰이고 있어요.

음수대 마실 수 있는 물이 나오는 곳이에요. 위를 향한 수도꼭지에 입을 가까이 대고 먹는 모습을 그렸어요.

공중전화 여러 사람이 함께 사용하는 공중전화 그림이에요. 휴대폰이 없거나 위급한 상황에 사용할 수 있어요.

차량 진입 금지 한강 공원 안으로 차를 가지고 들어올 수 없어요. 자동차는 공원 안에 정해진 도로만 이용해야 해요.

애완동물을 매시오 한강 공원에서 반려견과 함께 산책할 수 있어요. 반려견을 데리고 공원에 올 때는 다른 사람을 배려해 반려견 목줄을 꼭 해야 해요.

카페 한강 공원에 나들이 나온 사람들을 위한 카페가 있어요. 간단한 간식이나 음료수를 먹을 수 있어요.

화장실 남녀 화장실 그림이에요. 넓은 공원에 있는 화장실 위치를 미리 알아 두면 급할 때 편리해요.

자동 심장 박동기 깊은 강물에 빠지거나 갑자기 위급한 사고가 일어나기도 해요. 자동 심장 박동기의 위치를 알아 두면 재빨리 응급처치를 할 수 있어요.

 **전동킥보드 금지** 전기자전거, 전동킥보드, 오토바이는 한강 공원에서 탈 수 없어요. 공원에서 빠르게 달리는 것은 많은 사람들에게 위험하기 때문이에요.

➕ 내용 더하기

큰 강이 있는 곳은 비 올 때 조심하세요.

한강과 같이 큰 강이 있는 곳은 비가 오면 물이 불어나 위험해요. 갑작스럽게 불어난 물에 도로가 막혀 차가 움직이지 못하거나 집 안에 물이 차오르기도 해요. 아래 그림들은 비가 오면 들어오지 말라는 의미예요. 이런 표시가 있는 곳 주변에서는 비가 올 때 특히 조심해야 해요.

   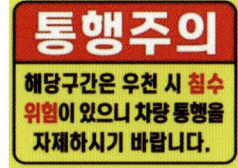 

9 미술관

멋진 작품이 가득한 미술관은 지켜야 할 규칙이 많아요.
이런 규칙들은 작품을 소중히 지키기 위해서예요.
미술관에서 만날 수 있는 다양한 기호들을 찾아볼까요?

티켓 　 엘리베이터 　 촬영 금지 　 손대지 마시오 　 비상 전화
비상구 　 휴대전화 진동 　 음식물 반입 금지 　 관계자외 출입 금지

표지판 자세히 알아보기

 **티켓** 미술관에 입장할 때 표를 확인해요. 무료인 곳도 있지만 돈을 내고 표를 사야 들어갈 수 있는 곳도 있어요.

 **엘리베이터** 미술관은 낮은 건물이 많아 엘리베이터를 탈 일이 많지 않아요. 작품을 보면서 걸어서 올라갔다가 내려올 때 이용하기도 해요.

 **촬영 금지** 미술관에 전시하고 있는 작품들은 함부로 촬영하면 안 돼요. 작가의 작품이 망가질 위험이 있기 때문이에요.

 **플래시 금지** 카메라에서 나오는 밝은 빛이 작품을 망가뜨릴 수 있어요. 사진 찍기가 허락된 작품이라면 플래시를 켜지 않고 찍어요.

 **큰 소리 금지** 큰 소리를 내지 않고 작게 대화하는 것이 미술관 관람 예절이에요. 다른 사람들이 작품을 감상하는 걸 방해하면 안 돼요.

 **셀카봉 금지** 미술관에서 셀카봉을 사용해 사진 찍지 않아요. 길쭉한 셀카봉으로 작품을 잘못 건드리면 피해를 줄 수 있기 때문이에요.

 **손대지 마시오** 미술관 작품은 절대 만지지 않아요. 눈으로만 감상하는 것이 미술관에서 지켜야 할 예절이에요.

 **비상 전화** 미술관 안에서 긴급한 일이 생겼을 때 도움을 요청하는 전화를 쓸 수 있어요.

 **비상구** 화재나 위급한 일이 발생했을 때 이곳을 따라 대피해요. 처음 방문하는 낯선 장소에서는 비상구의 위치를 알아 두는 것이 좋아요.

휴대전화 진동 미술관에서는 휴대전화 소리가 나지 않게 해요. 관람하는 사람을 방해하면 안 돼요.

음식물 반입 금지 미술관에는 작품 보호를 위해 음식을 가지고 들어갈 수 없어요. 음식은 미술관 입구에 보관해 두고 가요.

관계자외 출입 금지 '관계자'는 미술관을 관리하는 사람을 의미해요. 이 그림이 있는 곳에는 들어가지 않아요.

➕ 내용 더하기

미술관에서는 왜 안 될까요?

미술관에서는 지켜야 할 것들이 많아요. 왜일까요?
그 이유는 모두 작품을 안전하게 지키기 위해서예요.

플래시 금지 어두운 곳을 밝게 만들어 사진을 찍는 플래시는 작품을 망가지게 할 수 있어요. 밝은 빛이 작품에 영향을 줄 수 있거든요.

음식물 반입 금지 음식을 들고 다니다가 작품에 묻으면 곤란해요. 미술관에 들어가기 전에 간식은 두고 가세요.

손대지 마시오 모든 작품은 눈으로만 감상해요. 작품에 대한 예의예요.

셀카봉 금지 그림을 멋지게 찍고 싶어 셀카봉을 사용하고 싶겠지만 절대 안 돼요! 멋진 작품은 두 눈과 마음에 담아 주세요.

10 바닷가

뜨거운 햇살이 내리쬐는 여름, 시원한 바다에 풍덩! 따끈따끈 모래놀이!
바다에서 즐거운 시간을 보내려면 안전에 특별히 주의해야 해요.
바닷가에서 만날 수 있는 다양한 기호들을 찾아볼까요?

해변　구명조끼　금연　다이빙 금지　깊은 수심 주의
수상레저활동 금지구역　높은 파도 주의　취사 금지　전망대　추락 경고

표지판 자세히 알아보기

`해변` 해변을 나타내는 기호에요. 파도 치는 바닷가 파라솔 아래에서 쉬고 있는 사람의 모습이에요.

`구명조끼` 물놀이를 할 때 구명조끼를 입어요. 구명조끼 덕분에 물속에서 마음 놓고 즐길 수 있어요.

`어린이용 구명조끼` 어린이용 구명조끼 기호에는 아이가 작게 그려져 있어요. 구명조끼는 몸에 딱 맞게 입는 것이 중요하니 반드시 사이즈가 맞는 것을 입어요.

`금연` 담배를 피우지 말라는 기호예요. 바닷가와 같은 공공장소는 모두의 건강을 지키기 위해 금연 구역으로 정해져 있어요.

`다이빙 금지` 안전 장치가 없는 바다에서 다이빙은 위험해요. 단단한 바위나 산호초 때문에 크게 다칠 위험이 있으니 절대 다이빙하지 마세요.

`깊은 수심 주의` 바다는 갑자기 깊어지기도 해요. 얕다고 생각하다가 큰 사고를 당할 수 있으니 늘 조심하세요.

`수영 금지` 물이 너무 깊거나 파도가 심한 바다에서는 수영을 할 수 없어요.

`수상레저활동 금지구역` 모터보트, 수상오토바이, 수상스키 등 모든 수상레저 활동을 금지하는 그림이에요. 바닷가에 있는 다른 사람들이 위험할 수 있기 때문이에요.

`높은 파도 주의` 바람이 많이 불거나 태풍이 오는 날에는 파도를 조심해요. 갑자기 몰아치는 높은 파도 때문에 위험한 일이 생길 수 있어요.

 **취사 금지** 해변은 지정된 장소 외에는 불을 사용하여 음식을 만들 수 없어요. 불이 나지 않도록 조심해야 해요.

 **전망대** 망원경으로 멋진 풍경을 볼 수 있는 전망대 기호예요. 경치가 좋은 바닷가나 높은 산에 가면 전망대가 있어요.

 **추락 경고** 전망대와 같이 높은 곳이나 낭떠러지 가까이에서는 떨어지지 않도록 주의해야 해요. 실수로 발을 헛디뎌 큰 사고가 생길 수 있어요.

➕ 내용 더하기

다양한 여행지 그림을 알아볼까요?

차를 타고 가다 보면 도로 표지판에 그려진 다양한 여행지 그림을 만날 수 있어요.
한글을 모르는 외국인이라도 이 표시만 따라가면 멋진 여행지를 만날 수 있어요.

 **사찰** '절'이라고도 불리는 종교시설을 나타내는 기호예요. 사찰에 가면 돌로 쌓은 탑을 볼 수 있어요.

 **폭포** 산 위 높은 곳에서 아래로 떨어지는 물줄기를 '폭포'라고 해요. 폭포는 시원한 바람을 즐길 수 있어서 여름에 가면 좋아요.

 **동물원** 여러 동물을 만날 수 있는 동물원 기호예요.

11 서울역

서울역에는 전국 방방곡곡으로 가는 기차들이 있어요.
가족들과 여행 갈 때 기차를 타면 빠르고 편리하지요.
서울역뿐만 아니라 대부분의 기차역에서 만날 수 있는 기호들을 찾아볼까요?

안내소 · 엘리베이터 · 표 사는 곳 · 분실물 보관소 · 어린이 손을 잡으시오
화장실 · 택시 승강장 · 지하철 · 흡연 구역 · 고전압 주의 · 비상구

표지판 자세히 알아보기

안내소 서울역에는 여행자를 도와주는 안내소가 있어요. 기차 여행과 관련된 정보를 친절하게 알려 줘요.

엘리베이터 기차역 엘리베이터는 노약자와 장애인을 위한 곳이에요. 계단을 오르내리기 어려운 장애인과 어린이와 노인을 위해 양보해 주세요.

표 사는 곳 기차표 사는 곳을 나타내는 기호예요. '승차권 자동발매기'에 가면 기계를 이용해 빠르고 쉽게 표를 살 수 있어요.

분실물 보관소 기차에 물건을 놓고 내렸다면 분실물 보관소를 찾아가요. 승객들이 떨어뜨리고 간 물건을 이곳에서 보관해요.

어린이 손을 잡으시오 에스컬레이터에서 어린이는 어른 손을 잡고 타요. 움직이는 계단이 갑자기 멈추면 사고가 일어날 수 있어요.

화장실 화장실을 나타내는 기호예요. 기차역은 물론 기차 안에도 화장실이 있어요. 기차역 화장실보다는 좁고 물도 적게 나오지만 급할 때 편리하게 쓸 수 있어요.

택시 승강장 서울역에 도착한 뒤 목적지로 이동하기 위해 택시를 탈 수 있는 곳이에요. 이 기호가 있는 곳에 줄을 서면 택시들이 차례로 승객을 태워 가요.

지하철 서울역과 지하철역은 연결돼 있어요. 여러 방향으로 가는 다양한 지하철이 있으니 가려는 곳에 알맞은 지하철을 확인해서 타요.

흡연 구역 역에서는 아무 장소에서나 담배를 피울 수 없어요. 이 기호가 표시되어 있는 장소에서만 담배를 피워요.

 **고전압 주의** 기찻길 위에는 엄청나게 강한 전기가 흐르고 있어요. 이 표시가 있는 곳은 절대 가까이 가지 마세요.

 **비상구** 사고가 있거나 정전이 됐을 때 비상구 표시를 따라가면 밖으로 나갈 수 있어요. 안전한 탈출을 위해 서두르지 말고 질서를 지켜요.

➕ 내용 더하기

지하철에 있는 그림도 알아볼까요?

많은 사람이 자주 이용하는 지하철에도 다양한 그림이 숨어 있어요. 목적지까지 가기 위해 지하철을 바꿔 타야 할 때는 화살표 방향과 색깔을 잘 살펴야 하지요. 지하철 안에 있는 다양한 그림을 알아볼까요?

 **발빠짐 주의** 지하철에 오를 때 발이 빠지지 않도록 조심하라는 기호예요. 어린이는 발이 작아서 틈 사이에 발이 빠지기 쉬우니 아래를 살펴 조심히 타요.

 **교통약자석** 장애인, 노인, 임산부, 어린이와 같이 배려가 필요한 사람을 위한 자리예요.

 **임산부 배려석** 눈에 띄는 분홍색으로 표시된 이 기호는 임산부를 위한 자리를 가리켜요. 몸이 무거운 임산부들이 편히 지하철을 이용할 수 있게 마련한 자리예요.

 **자전거 휴대 승차** 지하철에는 자전거를 가지고 탈 수 있어요. 자전거를 실을 수 있는 칸은 의자가 적고 조금 더 넓어요.

12 우리 집

집 안에서도 다양한 기호들을 만날 수 있어요.
재미있는 장난감이나 날마다 쓰는 가전제품에도 기호들이 숨어 있지요.
우리 집에 있는 기호를 다같이 찾아볼까요?

칼사용 주의　위아래 주의　재활용　제품 취급 주의　블루투스
감전 주의　에너지 절약　위험　KC마크　전원

표지판 자세히 알아보기

 **칼사용 주의** 택배 상자를 열 때 칼 사용을 조심하라는 표시예요. 칼을 사용하다가 안에 있는 물건이 찢길 수 있으니 조심해야 해요.

 **위아래 주의** 택배 상자의 위쪽 방향을 나타내는 기호예요. 뒤집히면 안 되는 물건이 있을 때 사용해요.

 **재활용** 재활용이 가능한 물건에 표시하는 기호예요. 종이나 플라스틱, 유리 등은 환경보호를 위해 재활용해요.

 **제품 취급 주의** 유리잔이 깨진 모양을 그렸어요. 깨질 수 있는 물건이 들어 있으니 던지지 말라는 의미를 담고 있어요.

 **블루투스** 블루투스는 전선 없이 연결할 수 있는 전자 제품에 있는 기호예요. 스마트폰과 컴퓨터, 오디오 등에서 볼 수 있어요.

 **감전 주의** 몸에 전기가 통하는 것을 감전이라고 해요. 전자 제품은 물이 닿으면 큰 사고로 이어질 수 있으니 늘 조심해서 사용해야 하지요.

 **에너지 절약** 에너지를 아낄 수 있는 물건에 있는 기호예요. 이 그림이 있는 제품을 사면 에너지를 절약할 수 있어 환경에 도움이 돼요.

 **위험** 올바른 작동법을 모르면 위험할 수 있는 제품에 있는 기호예요. 특히 어린이는 부모님의 도움 없이 혼자 전자 제품을 사용하지 않아요.

 **KC마크** 안전한 제품이라는 것을 알려 주는 기호예요. 어린이가 사용하는 물건에 KC마크가 있는지 반드시 확인하세요.

 **전원** 전자 제품을 끄고 켜는 버튼을 가리켜요. 사용하지 않을 때 코드를 뽑아 두면 전기를 아낄 수 있어요.

➕ 내용 더하기

식품에서 볼 수 있는 기호들을 더 살펴볼까요?

식품에 표시하는 여러 기호들이 있어요. 주로 안전하고 건강한 식품이라는 걸 알리는 기호이지요. 이 기호들의 의미를 기억하면 물건을 고를 때 도움이 될 거예요.

동물복지 (ANIMAL WELFARE) 농림축산식품부	**동물복지** 동물에게 안전하고 편안한 환경을 갖춘 농장에서 사용하는 기호예요. 우리가 즐겨 먹는 고기, 달걀, 우유 포장 용기에 있어요.
	**유기농** 우리 몸에 해롭지 않은 재료로 키운 건강한 먹거리를 나타내는 기호예요.
	**무항생제** 동물에게 해로운 약품을 사용하지 않고 키운 농장에서 사용하는 기호예요. 건강하게 키운 동물은 우리의 건강도 지켜 줘요.
	**유기수산물** 바다를 오염시키지 않고 건강하게 키운 미역이나 김에서 볼 수 있어요.
	**친환경 인증** 환경을 보호하는데 도움이 되는 제품에서 볼 수 있어요. 친환경 그림이 있는지 살펴서 물건을 구입하면 좋아요.

 더 살펴보는 안전 기호

안전 기호를 그림으로 나타낸 걸 픽토그램이라고 해요. 그림을 뜻하는 픽쳐(picture)와 전기 신호로 소식을 전하는 텔레그램(telegram)을 합쳐서 만든 말이에요. 그림을 보고 의미를 딱 알 수 있도록 만든 기호들이지요. 검은색은 주로 공공시설물이나 일반적인 안내를 나타내고, 빨간색 동그라미에 대각선으로 줄은 그은 픽토그램은 금지의 의미를 나타내요. 노란색은 주의나 경고, 초록색은 안전·피난·위생, 빨간색은 소방·긴급·위험 등을 나타내지요. 더 많은 픽토그램을 만나 보세요.

공공장소

만남의 장소

무빙워크웨이

기다리시오

지하도

한 줄 서기

두 줄 서기

손 씻는 곳

비누

손 건조기

종이 수건

이발소 또는 미용실

주유소

| 자동차 정비소 | 현금지급기 | 채식주의자 음식 | 비상구 |

| 응급처치 | 구명조끼 | 들것 | 탈출사다리 |

금지

| 경적을 울리지 마세요 | 담배를 피우지 마세요 | 만지지 마세요 | 매달리지 마세요 |

| 앉지 마세요 | 음식을 먹지 마세요 | 주차하지 마세요 | 통행하지 마세요 |

주의와 경고

 조심하세요

 계단을 조심하세요

 뾰족한 모서리를 조심하세요

 날카로울 수 있어요

 독성 물질을 조심하세요

 떨어지는 물건을 조심하세요

 아래로 떨어질 수 있어요

 바닥에 장애물이 있어요

 불에 탈 수 있어요

 위에 올라가지 마세요

 틈새를 조심하세요

 표면이 뜨거워요

 표면이 미끄러워요

 마스크를 하세요

 머리보호구를 하세요

 얼굴보호구를 하세요

 방호복을 입으세요

 손을 씻으세요

 안전벨트를 하세요

 어린이 손을 잡으세요

약자 배려

보조자 지원

보행 장애

시각 장애

청각 장애

점자

노인 배려

다친 사람 배려

임산부 배려

스포츠

골프

농구

다이빙

배구

배드민턴

볼링

사격

사이클

 수상스키	 스노보드	 스케이트	 스키
 승마	 씨름	 아이스하키	 야구
 양궁	 역도	 유도	 육상
 체조	 축구	 탁구	 태권도
 테니스	 펜싱	 필드하키	 핸드볼

관광과 문화유산

 역사 건축물
 사찰
 교회
 성당

 산
 동굴
 폭포
 등대

교통수단

 택시
 배
 헬리콥터
 자전거

 경전철
 케이블카
 케이블 철도
 리프트